La famille LATORNADE

Tempête en cuisine

24-32, rue des Amandiers, 75020 Paris - France

Direction générale : Gauthier Auzou
Responsable éditoriale : Maya Saenz-Arnaud
Assistante éditoriale : Emeline Trembleau
Conception graphique : Alice Nominé
Responsable fabrication : Jean-Christophe Collett
Fabrication : Bertrand Podetti
Correction : Catherine Rigal

Dépôt légal : janvier 2016. Imprimé en Serbie.

Produit conçu et fabriqué sous système de management de la qualité certifié AFAQ ISO 9001.

La famille LATORNADE

Tempête en cuisine

Écrit par Virginie Hanna et Béatrice Égémar
Illustré par Aurélie Blard-Quintard

AUZOU romans | Pas à pas

1 On fait les présentations ?

Bonjour, chers lecteurs, bienvenue chez la famille Latornade ! Ne faites pas attention au désordre : à part Gus, mon grand demi-frère (ou mon demi grand frère, ça dépend des jours), on n'est pas très ordonnés dans la famille. Sauf Papa, pour sa cuisine ! C'est normal : Papa est cuisinier, et, comme il nous le répète depuis qu'on est petits, à Cora et moi : une cuisine, ça doit être im-pec-cable ! Alors Papa frotte, nettoie, astique sa cuisine chérie. Papa est assez connu comme cuisinier, il écrit des livres de recettes. Vous avez peut-être lu son best-seller *Comment préparer les poireaux* ?

Quand vous quittez la cuisine, vous arrivez dans le salon, puis dans la chambre de Gus, super bien rangée. C'est fou d'être aussi maniaque, surtout à dix-sept ans. Venez, il vaut mieux ne rien toucher ici, sinon Gus serait capable de faire une crise !

Là, c'est la chambre des parents, ensuite, celle de Cora, ma jumelle. Ne vous affolez pas, elle est tapissée de posters, ma sœur adore les animaux. Juste après, la porte avec le

panneau : « Chambre de Jules, frappez avant d'entrer », c'est chez moi. C'est beau, non ? Cet appareil, c'est mon dictaphone. Il n'est pas aussi bien que celui de Maman, mais c'est normal. Elle, c'est une vraie journaliste, alors que moi je suis encore un peu jeune.

Bon, je pense que vous avez tout vu, à part la salle de bains. Maman y a installé son vélo d'appartement, pour garder la forme. Elle a une drôle de vie : elle court tout le temps, travaille à des heures pas possibles et mange n'importe quand. L'autre jour, justement, elle était en train de se préparer quand on a entendu une sorte de hurlement.

Un hurlement ? Un rugissement, oui ! On est pourtant loin de la jungle quand on habite en plein Paris. Tous les murs de l'appartement ont tremblé.

Quoi ? Ah oui !

Bonjour, excusez-moi, je me présente : Cora Tralala, la reine du blabla ! C'est Jules qui m'appelle comme ça, c'est drôle, mais à la longue ça m'énerve ! Je suis sa jumelle, son aînée de cinq minutes.

Revenons donc à ce fameux matin.

Maman était en retard, comme d'habitude. Elle ne retrouvait pas le rouge à lèvres que Papa lui avait offert. Quand elle s'est aperçue que je le lui avais emprunté, j'ai passé un mauvais quart d'heure. Elle n'aurait pas dû gaspiller ces précieuses minutes, parce qu'ensuite, elle a encore perdu du temps à chercher ses clés.

Après avoir tout retourné dans le salon, elle les a enfin retrouvées, sous notre chien, Coussin. Il porte bien son nom. Il est tout mou, tout doux, et il adore réchauffer des objets sous son ventre. Je pense que dans une autre vie, il était une poule !

Comment ça, je m'égare encore ?

Maman a alors réalisé que nous étions le 7. Et le 7, c'est le jour de l'enregistrement de l'émission dont papa nous parlait depuis des mois. Une émission, Family Chef, qui allait faire de lui une star… et nous avec.

Maman avait complètement zappé qu'elle devait y participer. Or, ça ne s'appelle pas « Family Chef » pour rien, tout le monde met la main à la pâte : la femme (ou le mari) du cuisinier, et ses enfants. Au lieu de ça, elle avait fixé un rendez-vous avec un célèbre écrivain, pour la sortie de son dernier roman. Pendant qu'elle lui téléphonait pour changer la date du rendez-vous, Gus a fait une crise :

— Pas question que je gaspille une journée sur un tournage, vous n'êtes peut-être pas au courant, mais je passe le bac dans huit jours, moi !

Papa a explosé :

— Tu n'avais qu'à te mettre au travail plus tôt ! Ça fait des semaines que je parle de ce tournage !

— Je travaille depuis des mois, s'étrangla Gus, et personne ne s'en aperçoit !

— Oh, arrête de jouer le martyr, Gus, dis-je, tu peux bien donner quelques heures de ton temps pour Papa !

Je sais faire l'enjôleuse, quand je veux. Mon demi grand frère a levé les yeux au ciel et a poussé un soupir résigné, c'était gagné.

Soudain, la sonnette a retenti et Jules est allé ouvrir. Deux secondes plus tard, il était dans le séjour, blanc comme une endive :

— Alerte au feu ! Les grands-parents débarquent !

2 Les grands-parents débarquent !

Quand j'ai vu Papi et Mamie, plantés sur le palier, j'ai eu un moment de panique. Je les aime beaucoup, mais ils sont… comment dire ? Un peu envahissants, voilà ! Mamie est un vrai moulin à paroles et Papi a un avis sur tout. Et une invasion de grands-parents, juste le jour où la famille doit passer à la télé, ce n'est pas l'idéal.

Pendant qu'ils ôtaient leurs manteaux, je suis allé annoncer la nouvelle à Papa. Il était déjà suffisamment stressé comme ça, je ne voulais pas qu'il fasse un malaise. Il a juste eu le temps de gargouiller : « Jules, tu plaisantes, j'espère ? » que déjà Mamie était là, toute pimpante, et lui tendait les bras :

— Bonjour, mon grand ! Nous sommes à l'heure, j'espère ?

— À l'heure pour quoi ? bredouilla Papa, atterré.

— Pour partir aux studios, répliqua Papi. Ce que tu peux être distrait, Thomas, franchement !

— Mais...

— Tu as rendez-vous à quelle heure ?

demanda Mamie en regardant sa montre.

Elle était drôlement chic, Mamie. Elle avait mis une jolie robe, et elle était allée chez le coiffeur. Comme pour un grand événement. Passer à la télé, par exemple. J'ai senti une sorte de frisson le long de ma colonne vertébrale :

— Vous pensez venir avec nous ?

Mamie s'est retournée, comme si une guêpe l'avait piquée :

— Bien sûr, je me suis entraînée toute la semaine à préparer mes meilleures recettes ! Mon lapin à la moutarde, ma tarte au citron !

— Mais Mamie, coupa Maman, ce n'est pas possible !

— J'aimerais savoir pourquoi, rugit Papi. La cuisine, c'est de famille, et cette émission s'appelle bien Family Toque ?

— Family Chef, corrigea Cora. Mais les

grands-parents ne sont pas invités !

— Quoi ? s'indigna Mamie. Elle est belle la famille, aujourd'hui, on a honte des grands-parents !

Driiiing ! Papa a sursauté :

— Ce sont eux. Par pitié, taisez-vous !

Maman a ouvert et l'équipe de télé est entrée.

Papa avait l'air bizarre, figé derrière Jules, il souriait d'une drôle de manière, pas très naturelle, sans doute parce qu'il n'a pas l'habitude d'avoir des caméras braquées sur lui. Cinq personnes de l'équipe de télé ont pénétré dans la cuisine : Lise, une petite dame avec des lunettes blanches, deux cameramen, et deux autres bonshommes.

— Qu'est-ce qui se passe ici ? interrogea Mamie. On tourne un film à la maison ?

— Coupez, soupira Lise. Phil, il faudrait leur mettre des micros.

Un barbu s'est approché de nous avec des petits micros clippés sur des pinces.

— On ne va pas sur le plateau télé ? s'étonna Jules.

— On vous filme d'abord dans votre cuisine, précisa Lise, pour vous présenter dans votre vie de tous les jours. Maintenant, vous refaites votre entrée ! Ayez l'air surpris, d'accord ?

— Pardon, coupa Gus, moi, j'ai mon bac à réviser, et puis je suis contre la télé-réalité !

— Ne l'écoutez pas ! s'écria Papa, blanc comme de la farine. Gus adore plaisanter, n'est-ce pas, Gus ?

J'ai donné un grand coup de coude dans les côtes de Gus : il fallait que le carnage s'arrête, sinon on allait être virés de l'émission.

On était tous derrière la porte et on a entendu :

— À trois, vous entrez ! Un, deux, trois !

Mamie s'est débrouillée pour passer la première, et elle a lancé :

— Thomas, mon grand, bonjour ! Viens embrasser ta maman !

— Coupez ! lâcha Lise. Il faut être naturel,

pas la peine d'en faire des tonnes !

J'ai pris mon courage à deux mains, et je lui ai chuchoté :

— Mamie est naturelle quand elle fait ça ! Faites quelque chose. Dites-leur que les grands-parents, ça doit rester dans le public !

Lise s'est expliquée avec Mamie qui est partie bouder dans le salon. Gus tirait une tête, on aurait dit qu'il allait à un enterrement. Papa se massait les tempes et Maman… où était Maman ?

— Là, dans l'entrée, me montra Jules.

Elle était prise d'une crise de fou rire et ne pouvait plus s'arrêter.

3 Silence, on tourne !

Cora et moi, on a calmé Maman et l'équipe de télé a commencé le tournage. Papa a montré ses placards, ses couteaux, ses casseroles, il a expliqué comment il travaillait. Lise nous a posé plein de questions bêtes :

— Augustin, que penses-tu de ton père ? Est-il fort ?

— Jules, aimes-tu ce qu'il prépare ?

— Cora, quel plat préfères-tu ?

Au bout de deux heures, Lise a lancé gaiement :

— Eh bien, allons-y, tous au studio !

— Là, tout de suite, maintenant ? s'affola Papa.

— Mais oui, monsieur Latornade, tout de suite !

— Oui, on y va ! approuva Gus. Plus vite on y sera et plus vite on aura terminé ! Parce que moi...

— On sait, ajouta Cora, tu as le bac à réviser !

— Coupez ça, gémit Lise.

On a descendu l'escalier. Papa s'est

approché de moi et m'a dit :

— Tu te concentreras bien, Jules ? Tu te rappelles comment monter une béchamel ?

J'avais un trac affreux. Ils nous ont installés dans des voitures et quelques instants plus tard, on arrivait sur le plateau. Papi et Mamie se sont assis avec le public, et nous, on est allés au maquillage. Une dame m'a tartiné la figure de crème et m'a coiffé en me disant que j'étais mignon, la méga honte. On nous a prêté des tabliers blancs de cuisinier. Puis on est entrés sur le plateau. Ce n'est pas du tout comme vous l'imaginez derrière votre télé. Les plafonds sont hauts et il y a un espace énorme, avec plein de caméras partout. Arriver comme ça, sur le plateau de Family Chef, c'était juste incroyable ! J'avais les jambes toutes molles.

Lise nous a rappelé le principe de

l'émission : Jules, Maman et moi, nous devions aider Papa à cuisiner, lui servir de commis, comme on dit.

— Vous allez devoir préparer trois plats, déclara-t-elle. Une entrée, un plat, un dessert. Ils seront notés par le jury après une dégustation à l'aveugle.

Le jury ! Comme je ne rate pas une émission, je les connais tous : Sylvie Charabia, la plus sévère, celle qui fait peur à tous les candidats, Roger Confidois, le gentil avec un accent terrible, et Lucien Lacrème, celui qui prépare des trucs compliqués avec des siphons et des mixers. Savoir qu'ils allaient entrer sur le plateau dans quelques minutes, ça m'a fait bizarre.

— Tu te sens bien, Jules ? s'enquit Maman.

J'ai hoché la tête tandis que Papa s'informait :

— Peut-on savoir qui seront nos adversaires ?

— Bien sûr ! Vous connaissez sûrement Denis Dupipeau, le chef du restaurant « Le Homard bleu » ?

Papa a pâli, et j'ai compris que le bonhomme devait être très doué. Ça ne m'a pas rassuré.

— Bien, avertit Lise, cette fois, c'est le grand moment. Vous êtes prêts ? Quand je dis « moteur », vous entrez sur le plateau cuisine.

Juste derrière, se trouvaient de superbes plans de travail en métal brillant, deux fours, deux réfrigérateurs, deux mixers, bref, toute une batterie d'instruments. Je me suis approché de Papa et lui ai pris la main en murmurant :

— Ça va aller !

Quand Lise a dit « moteur », moi, Cora Tralala, je me suis précipitée vers la cuisine. Sandra Soufflet, la présentatrice de Family Chef, a pris la parole :

— Voici nos candidats, la famille Latornade, qui va aujourd'hui s'opposer aux gagnants de la semaine dernière, la famille Dupipeau !

J'ai entendu des applaudissements et les Dupipeau sont entrés. Vous savez, ces gens qui ont l'air parfaits, impeccables, rien à redire ? Nous en avions un échantillon en face de nous.

Commençons par M. Dupipeau : grand et fin comme un haricot vert, cheveux plaqués en arrière, nœud papillon bien centré, lunettes ajustées. Il a refusé d'enfiler le tablier de l'émission pour avoir le sien

avec un homard bleu brodé et ses initiales. Il s'appelle Denis Dupipeau, initiales D.D. Comme Dédé, quoi.

Continuons... Dans la famille Dupipeau, je demande la mère ! Aussi coincée que le père, avec des yeux bizarres, qui semblaient capables de se diriger dans tous les sens comme ceux des caméléons.

Et les enfants Dupipeau ? Une fille et un garçon, la copie conforme des parents. J'ai tout de suite senti que ces tartes nous prenaient pour des quiches. Ils nous regardaient de haut, mais nous n'avions pas l'intention de nous laisser marcher sur les casseroles !

— Mesdames et messieurs, voici la saison 2 de Family Chef. La première épreuve, la préparation de l'entrée, peut commencer !

Papa et Dédé ont couru vers le garde-manger et sont revenus avec un panier plein de provisions. Papa nous a donné ses instructions à toute vitesse :

— On va faire des blinis au saumon. Moi, je fais la pâte ! Gus, tu coupes le saumon fumé, Cora, tu écrases les tomates, Jules, tu sauras monter une mayonnaise ?

— Et moi ? s'inquiéta Maman.

— Tu te charges de la cuisson.

On a tous foncé à notre place et on s'est

mis au travail. On était hyper motivés. Tout était parfait.

Ma tâche n'étant pas compliquée, je pouvais, de temps à autre, voir ce qui se passait en face. Quelques escargots essayaient de s'échapper de l'évier où ils prenaient un bain. La famille Dupipeau préparait des escargots mijotés sur lit d'épinards. Normal, après le bain, on va au lit !

Papa m'envoya chercher le poivre. Depuis le début, les Dupipeau le tenaient en otage. Mme Dupipeau m'a regardée d'un œil mauvais (ah, ces yeux !) et a fini par le lâcher.

— Cora, le sel ! aboya papa.

Le sel, le sel... évidemment, les Dupipeau l'avaient pris. Malgré ma demande polie, Mme Dupipeau a fait semblant de ne pas m'entendre. Dans ce cas, je prends ma voix aiguë, c'est toujours efficace. J'ai donc répété :

— Le sel, s'il vous plaît !

Elle a sursauté, sa main a effleuré un pot, puis un autre, et elle m'en a tendu un. Alors que je me dépêchais pour le donner à papa, j'ai eu comme un éclair dans mon cerveau de Cora. J'ai goûté : c'était du sucre. Elle l'avait fait exprès ! J'ai commencé à protester, mais elle s'est confondue en excuses mielleuses. Quelle sale bonne femme !

Gus, de son côté, avait fini de couper ses bouts de saumon. Il s'est assis et a ouvert un livre pour réviser. Mon demi-frère est le seul garçon au monde capable de réviser sur un plateau télé. En le voyant, le fils Dupipeau a couiné :

— Il triche, il regarde un livre de cuisine !

4 Latornade, c'est pas Dupipeau

— Gus, tricher ? protesta Cora.

J'étais aussi choqué que ma sœur. Pour Gus, c'est l'insulte suprême. J'ai rarement vu mon demi-frère s'énerver, mais là, il est devenu rouge tomate. Il a marché vers le fils Dupipeau et il a fallu que Sandra Soufflet intervienne pour le calmer, sinon je crois qu'il lui aurait collé une baffe. Dans le public, on entendit Papi et Mamie faire :

— Houuuu !!!!

Sandra avait l'air embêté. Elle a feuilleté le livre de Gus :

— C'est un manuel de mathématiques de terminale. Je ne pense pas qu'on puisse disqualifier Augustin pour ça, si ?

Heureusement, à cet instant, une sonnerie a retenti.

— C'est la fin de l'épreuve, nous annonça Sandra Soufflet, soulagée.

Les trois membres du jury sont entrés dans la salle. Mon cœur s'accélérait. C'étaient bien eux, Sylvie Charabia, Roger Confidois et Lucien Lacrème. Ils se sont assis à la grande table des chefs et on a posé devant eux une assiette d'escargots aux épinards des Dupipeau. Moi, j'aime les escargots, et je me serais jeté dessus, mais à Family Chef, ce n'est pas comme ça que ça se passe : d'abord, les chefs regardent, et disent si ça leur plaît. Ça s'appelle « juger le visuel ».

— C'est gourmand, se réjouit Roger Confidois, on a envie de goûter.

Sylvie Charabia a fait la moue :

— C'est très classique, et les épinards sont posés un peu n'importe comment.

— Je suis d'accord, intervint Lucien Lacrème. C'est classique, le genre de plat que faisait ma grand-mère !

J'ai croisé le regard de Cora, on pensait la même chose : les chefs étaient drôlement difficiles, ça allait être dur ! Ils ont dégusté en silence les escargots des Dupipeau, puis un assistant a apporté les fameux blinis tomate-saumon fumé de Papa.

— Ce sont des blinis ? s'étonna Lucien Lacrème. Rouges, avec de la tomate, c'est original !

— Des blinis revisités, renchérit Sylvie Charabia, bonne idée !

Ils sont passés à l'action. Papa transpirait sous sa toque, on n'entendait que des bruits de fourchette, j'ai eu l'impression que ça durait des heures. À la fin, la présentatrice nous a demandé de sortir pendant que les chefs délibéraient. J'ai essayé de rassurer Papa :

— Roger Confidois avait l'air de se régaler avec tes blinis !

La mère Dupipeau m'a lancé un regard mauvais. Son mari n'a rien trouvé de mieux que de faire des étirements en soufflant comme un phoque. Ils sont vraiment bizarres, ces gens ! Enfin, on nous a appelés et on est tous revenus devant les chefs :

— Le jury a délibéré... déclara Sandra Soufflet.

Puis, plus rien. Les caméras filmaient Papa, tout crispé, le père Dupipeau, raide comme une baguette, et sa femme qui roulait ses yeux d'iguane. Les trois chefs nous regardaient en silence. C'est pour faire durer

le suspens, pendant ce temps les spectateurs voient les têtes des gens en gros plan, mais quand on y est en vrai, c'est horrible. Enfin, Lucien Lacrème a déclaré :

— Le plat que nous avons préféré est... les blinis au saumon fumé.

— Youpi ! hurla Cora, tandis que Maman se jetait dans les bras de Papa.

Les Dupipeau faisaient une tête pas possible. C'était normal qu'ils soient déçus, mais ce que je n'ai pas trouvé normal du tout, c'est que la fille Dupipeau me glisse à l'oreille :

— Vous allez nous payer ça !

J'étais super contente qu'on remporte la première épreuve. C'est logique, remarquez, notre plat était bien plus beau, et puis les escargots, franchement, qui a envie de manger ça ? À part les Dupipeau, et mon dingue de frère Jules !

On n'a pas eu le temps de se réjouir. Il fallait enchaîner avec l'épreuve suivante : le plat principal. Avec les ingrédients imposés par les chefs, Papa a tout de suite su ce qu'il allait faire : des ailerons de poulet en sauce, servis avec son fameux gratin de pommes de terre, le plat qui met tout le monde d'accord. On allait encore gagner, c'était certain !

En face, les Dupipeau vidaient des sardines et je peux vous dire que ça ne sentait pas la rose. La mère Dupipeau était en pleine transformation. Ses yeux de caméléon s'étaient changés en yeux de vipère, et ceux de sa fille aussi. Méfiance ! Mais soudain, alors que Jules et moi coupions des lamelles d'oignons, Sandra nous rejoignit dans la cuisine.

— Stop, on arrête tout ! Chacun pose ses ustensiles, s'il vous plaît ! Nous vous annonçons l'arrivée d'une aide surprise pour chacune des deux familles !

Génial ! Encore des rebondissements. Vraiment, j'adorais être ici, c'était impossible de s'ennuyer ! Papa retenait sa respiration, Maman se rongeait les ongles et Gus soupirait. Avec Jules, nous nous sommes regardés. OK, il nous faudrait remotiver nos troupes.

Sandra a invité deux personnes à s'approcher. Maman est devenue toute rouge, elle a mis les mains devant son visage en étouffant un petit cri. Laurent Panier en personne se dirigeait vers nous avec son sourire ravageur.

Laurent Panier, le chanteur ! C'est son idole, elle a tous ses disques, que papa déteste. J'étais hyper flattée qu'il soit dans notre équipe : il est un peu moins grand que ce que je pensais, et plus ridé, mais il a la classe avec ses cheveux longs et sa barbe en pointe.

De leur côté, les Dupipeau avaient hérité de Dimitrios Quimagace, un présentateur de télévision mordu de cuisine et très efficace. Il avait déjà participé au premier tournage de Family Chef, on connaissait donc tous ses talents.

Moi, j'observais Laurent Panier. Je ne sais pas pourquoi, mais je l'imaginais mal avec une casserole. Papa l'a installé devant un tas de pommes de terre en lui demandant de les peler. Laurent Panier a regardé l'économe, et l'a tourné dans tous les sens.

— Comment ça marche, c'est un couteau ?

Maman s'est précipitée pour le lui expliquer tandis que Papa soupirait. Laurent Panier ne serait pas une aide pour lui, mais un boulet. Papa a commencé à préparer la sauce avec de petits gestes secs : *tchic, tchic, tchic* ! Je pense que ça le défoulait.

— Fais chauffer le four ! m'ordonna-t-il. Thermostat 8 !

Je me suis approchée des fours et j'ai allumé le nôtre. J'en ai profité pour jeter un coup d'œil à nos adversaires. Misère, ils avançaient super vite ! Dimitrios Quimagace, un tablier autour de la taille, faisait frire des sardines avec Dédé, les autres coupaient des aubergines et des tomates. Il fallait qu'on se bouge si on voulait rattraper notre retard !

C'est alors que Papa fonça vers Laurent Panier et cria :

— Vous n'êtes pas fichu de couper des pommes de terre en tranches ?

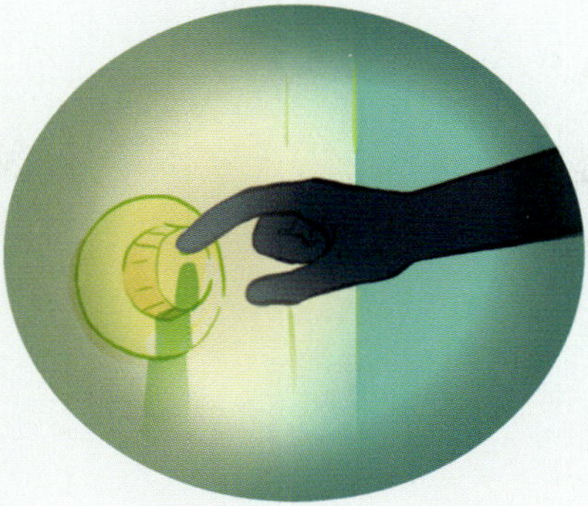

5 Tricher n'est pas gagner !

Quand j'ai vu que Laurent Panier allait nous aider en cuisine, j'ai cru rêver. C'est dingue de se retrouver tout près de quelqu'un qu'on a vu à la télé ! Il est super gentil, il rigolait avec Maman, bref, c'était incroyable. Du coup, j'ai failli oublier qu'on était censés travailler, mais Cora m'a filé un coup de coude dans les côtes. Les patates !

— Il les a coupées en tranches aussi épaisses que des steaks, s'exaspéra Papa en désignant Laurent Panier du menton.

Franchement, ce n'était pas très poli, mais je peux comprendre Papa : Laurent Panier, la cuisine, ce n'est pas son truc. Ses tranches étaient très épaisses d'un côté et fines de l'autre. J'étais le seul à pouvoir arranger ça :

— Pas de problème, je vais en couper d'autres !

Je me suis dépêché de préparer les pommes de terre et je les ai nappées de sauce. Maman ajouta le fromage râpé et courut jusqu'au four. Elle l'ouvrit et cria :

— Personne n'a allumé le four ? Il est froid !

— Si, moi ! protesta Cora. Thermostat 8, comme Papa l'avait demandé !

Cora et moi avons tourné la tête vers la fille Dupipeau. Elle nous souriait d'un air narquois. J'ai serré très fort la main de Cora pour l'empêcher de faire un scandale, tandis que Papa tripotait les boutons du four.

Évidemment, quand la sonnerie a marqué la fin de l'épreuve, notre gratin n'était pas cuit. Papa avait dressé les assiettes, le poulet était doré et croustillant, mais nous savions ce qu'allaient dire les chefs :

— Le poulet est excellent, s'exclama Sylvie Charabia, mais vos pommes de terre sont crues, quel dommage !

— Ce n'est pourtant pas compliqué de cuire un gratin, voyons ! l'approuva Roger Confidois.

— C'est immangeable, soupira Lucien Lacrème en repoussant son assiette.

Celui-là, je l'aurais giflé. Papa était rouge de honte, le pauvre. L'assiette de sardines des Dupipeau a été choisie à l'unanimité. Nous avions perdu l'épreuve. Les Dupipeau triomphaient. Nous pensions quitter le plateau pour nous reposer un peu avant la dernière épreuve, mais Sandra Soufflet a annoncé :

— Et maintenant, une séquence émotion. Cora, Jules et Augustin, nous avons interviewé vos grands-parents !

— Quoi ? s'étrangla Gus.

La lumière s'est éteinte, et un énorme écran est apparu au fond du plateau, avec les têtes géantes de Papi et Mamie. Papa se ratatinait à côté de moi tandis que Maman gémissait :

— Oh, non…

Sur l'écran, Sandra menait l'interview :

— Comment était Thomas quand il était petit ? Il a toujours aimé cuisiner ?

— Toujours, s'émerveilla Mamie. À six ans, il a même inventé une recette de pâtée pour chien !

La salle a explosé de rire.

— Il adorait ça, confirma Papi. Ça le consolait de ses mauvaises notes à l'école.

— Oui, et plus tard, quand sa petite amie l'a lâché, tu te souviens ?

Le Papi géant a hoché la tête avec vigueur.

— Heureusement qu'il avait la cuisine pour se consoler, le pauvre minou !

La lumière s'est rallumée sur le plateau. Le film était terminé. Les Dupipeau se moquaient de nous. Papi et Mamie, dans le public, semblaient tout fiers. Jules et moi, on était rouges de honte et de colère. Papa avait même une teinte que je ne connaissais pas, je crois qu'il y a une variété d'aubergine qui a cette couleur rouge-violet. On aurait dit qu'il allait exploser.

— Nous voici arrivés à l'épreuve qui va vous départager : le dessert ! Au travail ! nous alerta Sandra Soufflet.

Papa semblait dépassé par les événements. Je lui ai proposé :

— Et si on faisait ton fameux fraisier du chef, avec sa fine couche de pâte d'amandes ?

Il n'en fallait pas plus pour que Papa retrouve la pêche. Il a foncé vers le placard,

en a sorti la farine, des œufs, du sucre, et hop, au boulot les Latornade !

En face de nous, ça sentait drôlement bon. Les Dupipeau faisaient fondre du chocolat pour préparer un gâteau et je rêvais qu'il brûle ! Je me suis approchée de Jules :

— Il faut qu'on trouve une idée pour se venger. Ces tricheurs ne doivent pas gagner !

Jules a répliqué que lui, il ne tricherait pas ! Tant pis. S'il ne voulait pas m'aider, je me débrouillerais toute seule. Mais j'avais beau mâchouiller mon chewing-gum, aucune idée ne venait.

En allant chercher le sucre, j'ai failli heurter Dédé et son caméléon aux gros yeux, en train de choisir leurs assiettes. Plus loin, leurs enfants préparaient le glaçage. Sur le plan de travail, ils avaient laissé le moule à gâteau plein d'une belle pâte brune. C'est alors que j'ai eu une idée de génie : hop, ni vu ni connu, j'ai balancé mon chewing-gum dans la pâte. À votre avis, quelle réaction chimique peut produire un chewing-gum fondant dans une pâte à 200 degrés ?

Le coin cuisine embaumait. Nous étions tous devant les fours : Papa surveillait sa génoise tandis que les Dupipeau, sidérés, regardaient leur gâteau qui levait, levait...

C'était à présent une bulle énorme, d'un marron brillant, qui remplissait leur four. J'ai croisé les doigts pour que leur fichu gâteau explose. Papa sortit sa génoise et commença à monter son fraisier. Pendant ce temps, Dédé ouvrait la porte du four. J'étais curieuse de voir ce qui allait en sortir. Eh bien, croyez-moi ou pas, c'était plutôt beau ! On aurait dit une grosse bulle en chocolat, toute lisse et brillante. Grâce à moi, ce gâteau avait une allure originale, mais je n'avais aucune envie de le goûter.

La sonnerie retentit. Nos trois chefs s'installèrent pour déguster. Lucien Lacrème commença par notre fraisier qui lui ravit les papilles. Mais les deux autres n'étaient pas convaincus :

— Ça manque d'originalité ! jugea Sylvie

Charabia. À Family Chef, on attend de la surprise !

Le gâteau des Dupipeau attirait toutes les convoitises. Lucien Lacrème s'est décidé le premier à plonger sa cuillère dans la bulle. J'espérais qu'elle allait éclater et l'éclabousser, mais non, elle s'est brisée délicatement, comme une nougatine.

— Ça, c'est malin, fit Roger Confidois, admiratif.

J'étais impatiente de le voir recracher quand il aurait goûté ce truc. Pas du tout !

— Très intéressante, cette texture ! admira Lucien Lacrème. Le croustillant de la bulle, et le fondant de la pâte. Chapeau !

— Vous pouvez nous dire comment vous réussissez ça ? supplia Sylvie Charabia, complètement emballée.

Je n'en croyais pas mes oreilles. Quelques instants plus tard, Sandra Soufflet annonça gaiement :

— Et les grands vainqueurs sont… la famille Dupipeau !

6 Papa n'a plus la pêche…

— Ça mord ?

Papa ne me répondit pas. L'air absent, il fixait sa canne à pêche.

Depuis que nous avions perdu à Family Chef, Papa déprimait. Maman avait organisé ce week-end surprise sur une péniche pour lui remonter le moral. Ma sœur et moi, on était ravis, mais Papa s'est contenté de grommeler :

— Là, au moins, je suis sûr de ne pas voir de Dupipeau !

Voilà, c'est tout l'effet que ça lui faisait, quel gâchis ! Elle était pourtant bien, cette péniche, mais Papa s'en apercevait à peine. Quand on s'est installés sur le pont, au soleil, pour admirer le paysage, il soupirait. Et quand maman lui a proposé de préparer le repas dans la mini-cuisine toute mignonne, il a dit qu'il n'en avait pas envie. Papa qui n'a pas envie de cuisiner, vous vous rendez compte ? C'est grave !

Le deuxième jour, il a décidé de faire la sieste dans sa cabine. Maman, découragée, a plongé le nez dans un livre. Du coup, ils ont laissé les commandes du bateau à Gus, le veinard.

Cora et moi, on s'est assis sur la banquette pour regarder défiler le paysage. Soudain, une sonnerie de téléphone a retenti. Papa a décroché :

— Qu'est-ce que c'est encore ? Ah, c'est vous, Sandra !

On s'est figés comme des statues. Silence de mort sur la péniche. Puis on a entendu :

— Oui… Oui… quoi ? Comment ?

C'est alors que cet imbécile de Gus a éternué.

— Tais-toi ! hurla Cora, on n'entend plus rien !

Boum, boum, boum ! On aurait dit qu'un éléphant montait les marches, mais pas du tout, c'était Papa. Un Papa tout rouge, essoufflé et ravi !

— C'était Sandra Soufflet !

— Qu'est-ce qu'elle te voulait, cette gourde ? s'énerva Maman.

— Les Dupipeau ont été éliminés pour tricherie ! Les vidéos l'ont montré : le sel, le sucre, le four…

— Ah ! triompha Maman. Il y a une justice !

— Du coup, ajouta Papa, la production

nous rappelle de toute urgence sur le plateau !

— Quoi ? s'étouffa Gus. Quand ?

— Le prochain enregistrement, c'est ce soir. Gus, mets le cap sur le nord, on rentre d'urgence à Paris !

Découvre les autres héros de la collection Pas à pas !

Les écoles
du bout du monde
Les patineurs de Saint-Arsène

Les écoles
du bout du monde
Les matelots de la rivière Caï

Les écoles
du bout du monde
Le fantôme de Brighton

Les écoles
du bout du monde
Le Kiwi de Rotorua

Les p'tites créatrices
Le défilé de Kate

Les p'tites créatrices
Le concours de Paola

Les p'tites créatrices
Le spectacle d'Akiko

Les p'tites créatrices
Le reportage de Mariam